陌上的行者

陳幗 著

紐約新世紀出版社
2019 · 紐約

作　者：陳　幗
出版人：冯桢炯
裝幀设计：龍雁翎

陌上的行者（诗集）

版權所有 · 翻印必究

出版：紐約新世紀出版社
New York New Century Press Inc.
印刷：UCFHP Inc.
版次：2019 年 5 月紐約第一版；第一次印刷
定價：14.99 美金
國際書號（ISBN）：978-1-64083-105-6

陳幗 KAREN CHEN

舞者、舞評人、詩人。

前中國歌劇舞劇院主要演員,前中國《舞蹈》雜誌欄目作家,畢業于北京舞蹈學院史論系,1988年旅美,師從尼克来斯(Alwin Nikolais)和路易斯(Murray Louis)兩位現代舞大师完成了三年完整的现代舞編導學習。多年來從事東西方舞蹈的交流與傳承。幾乎是一個佛教徒,現居紐約。

記憶從童年開始（代序）

陳帆－又川

我對胞妹幗最深的記憶有兩件，一件是寄居漢口同慶裡後樓的故事，我與倆妹妹在母親的呵護下生息在童年的天真的遐想當中，我們搭戲臺編演皮影戲，我和她們玩坐火車的遊戲，開車了，到哪兒了？一路走來帶著歡笑和喜鬧……，母親在一側安靜編織著毛衣，我與妹妹們在編織著甜夢。另一件是，我們半個世紀後在紐約的相聚。我和幗要乘火車去加拿大蒙特利爾市去探望侄子文，原是約定一起去的，臨時她才恍然醒覺她的美國護照已過期。我英文很差也只好獨行。抵達目的地我誤進了商場，迷失了文接我的地方，是我硬著頭皮問一位美麗的少婦替我撥通文的手機。幾天過去了，文又把我送上了返回紐約的列車，到了曼哈頓我又迷失返回幗居地的小站，總算有位亞裔男子替我買了列車票，於是我牢牢記住了她居住的美麗小城。一小時車程後我終於見到在站前等我的幗妹。

幼年
玩火車

醉開心花
夢想怒放
半個世紀
被火車玩
世界之大
兄妹已成
嫗翁

受父親影響我們兄妹自幼喜愛藝術，幗從小習舞終成境內外藝家，她也是一位舞蹈業內受尊敬的舞評人。我母親說我幗妹只有一根筋只知道跳舞，豈知中年後卻又偏愛華文造詩而自成一體。她身性爽放，情懷純厚。多以借詩言吐家國思緒，用以追記往昔鉛華歲辰，今無意間集詩成集，以為賀。

目 錄

I	記憶從童年開始（代序） ‖ 陳帆－又川
001	我的祈請文
004	不要
006	寧願
008	淬火
010	命運，我折服在你的面前
012	秋日
013	詛咒
014	飲江吐海
016	那天我才知道
018	從零開始
020	柳風石韻
021	西山瓦灶煮紅樓
022	亂紅飛過皆寂然
023	誰言空不含萬千
024	萬籟寂靜照征程
025	意決何如心不安

026　那回歸的路線
028　心明何懼夜暗
029　元旦寄語
030　年年今日思鄉情濃
032　雪
033　幾度月圓處
034　霧霾
036　又是一年君子來
038　荊棘護風流
040　北京舞院 60 華誕賀
041　盡是樓宇覆桑梓
043　人心物慾壑難填
046　驚聞錦武病重
048　問天
049　唯我蘭草獨艷
051　好花知時節
052　今生無憾
054　珍惜今日便是
056　沒有浪漫
058　邊城的歌
060　他鄉何處是歸處
062　秋弔季錦武
064　秋日別友于京華

066	花衣退去悄無語
067	歲末回顧
068	壺流河的大米
071	舞向天邊無盡頭
073	親朋舊友賀歲
075	半齋居人
076	家
078	雪中紅梅
080	秋菊
081	芈月時代
082	夏冬
083	春秋
084	星星在閃亮
086	9·11祭
087	半個地球那邊人
088	雪後山路
089	杯杯清水皆佳釀
090	蓬萊仙境
092	門外掃雪去
093	家裡來人
096	風雪年夜思懷
098	歸鳥
099	母親，你有多大能量

101	痛弔郭淑意女士
102	三尺頭上有神明
104	春再懶,也已經到了眼前
106	勿以小自棄
107	秋晨調侃
109	借來生一用
111	秋語二
112	其實我要的本不多
114	又至重陽
115	南飛雁
116	艷陽天別秋
118	夢清明
120	心,唯一的去處
122	為什麼找不到答案
123	已經有多久
125	我希望
128	入人境心苦,入仙境身難
130	菩提挈婆柯
132	念日月靜好
133	思
134	快樂 vs 痛苦
136	我們已經走得太遠,太遠
138	願

140	行者
142	夜裡落下的花朵
144	夏日雨後
145	刀與磨刀石
146	三十年路雲和月
148	立夏
149	雪‧十六字令
150	你們，咋就不懂
152	情緣我故宮
154	昭君出塞
157	後記

我的祈請文

我在黑暗中行走
找尋著快樂
經歷著痛苦
我願把這顛沛的旅行
當成取經的路途
從西方走回東方
去找心中的佛祖
願悉達多的本願
成為我智慧的路途
為有情的眾生
尋找終極的自由

我在黑暗中行走
找尋著快樂
經歷著痛苦
我願把這顛沛的旅行
當成取經的路途
從東方回到西方
再找你的法杵

我知道你在這裡
等了我很久, 很久
我臣服在你的腳下
願金剛力斷我的執著

我在黑暗中行走
找尋著快樂
經歷著痛苦
我願把這顛沛的旅行
當成取經的路途
我大禮匍匐於塵土
只願慈悲的上師
加持多愁善感的我
不棄不離地跟隨
證得終極的無我

我在黑暗中行走
找尋著快樂
經歷著痛苦
我願把這顛沛的旅行
當成取經的路途
我大禮匍匐於塵土
懇請先行的菩薩
帶上, 帶上我

今生不夠
來世再補

不要

我有生以來
第一次獲得了我自己
不要把自己交出去
我一次次警告你

不要再畫地為牢
不要再設計幻想
不要再作繭自縛
不要再兒女情長

感情是絲是麻是線
生活是鋼是鐵是火
我雖然單薄柔弱
這只小舟確已能載負自我

生活
自有一個天地
它該
屬于我

1988年1月抵達紐約的第一個月

1988年1月我離開了我的家鄉北京，離開了我的事業，我的朋友以及家人，丟下了我父母生生世世的文化傳統以及他們的期待，懷著極大的罪惡感上了路。為了找尋不知道在什麼時候丟失了的我。沒有人可以理解我在那喧囂中的寂寞，我不知到我到底是誰，找不到一個真正的所屬。我什麼都是，什麼都不是，我不知道應該如何說話，如何做人，甚至如何安頓我的雙手與雙腳。我感到窒息，強烈的逃離心讓我一刻都不希望留下來。我強忍了淚水，丟下了我70歲的母親與13歲的兒子以及那不成功的婚姻，頭也不回的上了飛機，命運就這樣開始了我的旅行。我得到了幾家美國舞蹈機構的留學批准，其中還包括了宋慶齡姊妹讀過書的衛斯理女子大學。其實我不知道從哪裡來，也不知道要到哪裡去，我選擇了給我三年獎學金的尼古拉斯/路易斯舞蹈學校。朋友中有人為我高興，有人為我惋惜，膽子大的人說："這就是當年的闖關東呀！"今天聽起來有一點聳人聽聞，但是只要是在哪個年月經歷過的人，就不會那麼難以理解。我下飛機寫下這第一首詩，它是我發出的破繭的呻吟。

寧願

記不得是哪一位詩人寫到
"卑鄙是卑鄙者的通行證,
高貴是高貴者的墓志銘。"
我為詩人的醒世而震撼
但我始終不能去相信
如果這世界只剩下一條路
真誠與良心
只配撕碎了墊在腳下
那麼我寧願
寧願
只要一塊
無字的碑銘

1988 年

　　這兩首詩是我初到美國的生活的隨感,生活的新開始,我一次次告誡我自己《寧願》《不要》。它們曾經在《美洲華僑日報》文藝副刊上面發表,作為一個留美的學生有幸得到副刊主編王渝老師藝術上的推薦與生活上的幫助，值得懷念的是經她的介紹我有機會到著名華裔畫家韓湘寧先生家裡作短期居住，度過了我留美學生時期最艱苦而難忘的一段時光。

淬火

在那個萬籟俱寂的1987的冬天,天氣好冷,一切都在一個等待的狀態里,沒有人可以預測明天可能發生的事情,整個社會都處在低迷和怠慢中,沒有人知道在等待什麼。我不知道我們的熱情還會有多少次被甩上甩下,我終於失去了我的承受底線,失去了熱度。

　　這世界
　　是真的把我們忘記了嗎
　　就這樣狠心
　　撒下
　　這陰冷一片

　　這世界
　　是真的把我們忘記了嗎
　　就這樣狠心
　　布下
　　這冬日漫漫

淬火

生活
是水是火
我
一次次
被燒熱、燒紅、燒溶
然後
放進冷水裡激冷
心
在這一次一次淬火中
變堅、變硬、變涼

1988 年

命運，我折服在你的面前

  鄧麗君的歌曲"不要問我從哪裡來，我的故鄉在遠方……"在那個時候經常迴旋在我的腦海裡面，為什麼流浪遠方？好像命運是在問我，我回答，流浪不是我的選擇！

我
從不向命運屈服
但是
這一次
屈服了
我折服在你的面前
毫無怨言

心
從來都是熱的
這一次
冷了
我大聲地回答

毫無俱顏

命運
你是主宰
沒有人
可以
可以逃脫
你的安排

1990 年

秋日

傲傲烈烈的秋日炎炎
淅淅瀝瀝的秋雨綿綿
似睡似醒的思緒纏纏
是今是夕的夢境瀾瀾

1989 年

詛咒

什麼人會詛咒,應該不會是我,但是,是我!

你說我心胸寬闊
那只是愛的原故
其實我心中在詛咒
命運
為什麼
這樣把我戲弄

你說我胸寬闊
那只是愛的原故
其實我心中在詛咒
命運
該讓你
一輩子沒有愛的歸宿

1989 年

飲江吐海

胞兄陳帆有不尋常的藝術才華,他是1977年中國美術館具有歷史意義的星星畫會的才子之一,我常常在心裡為他隱隱作痛。他生不逢時的半生蹉跎,創作是他的全部。在生活面前,他一退再退,不停地調整心態,在允許的空間裡繼續不停地進行著各種形式的藝術創作,他的夢幻不停的改變,但是從來沒有放棄過。我為他而感動,含淚為他作詩一首,於無聲處聽驚雷,藝術就是在限制中走出了他們的個性,他由攝影,作家,進而演變成一個成功的當代中國水墨畫畫家。

去吧
天是你的
地是你的
翱翔其間

去吧
陽光是你的

空氣是你的
睡醒皆然

去吧
顏色是你的
光影是你的
塗抹天籟

去吧
愛是你的
恨是你的
飲江吐海

2006 年

那天我才知道

from that moment …
人
又死了一次
醒來
才知道
生
是那麼美麗

花
燦爛
風
和宜

人
又摔倒了一次
起來
才發現
有
是那麼幸運

山傍水
樹靠地
……

2010 年

從零開始

我寫這首詩是在2010年的春天，早春的紐約一點都沒有春天的氣息，而我本人經歷了一場人生嚴冬的打擊，幾乎沒有了生命氣息。奄奄一息的我，不得不再次遷徙，離開了我的工作，離開了我紐約的家，離開我已經熟悉了的紐約的一切，提前退休，拿著那不足生活的奉祿回到我已經完全不熟悉了的北京，我的根再度被連根拔起。北京一切都變得陌生，22年啊，我從一個藝術家成功地蛻變成為美國一家公司的會計，生活似乎很平靜。這個玩笑似乎開得太大了！

修養生息！從零開始！

我的心理醫生說：你的決定就是你的力量！去吧，你會找到你的路徑，燒掉了的都已經變成了灰燼，太陽還會在地平線上升起！我帶著她的祝福回到了北京。半年以後，一個全新的我回到了紐約，我感謝我給了我自己一個從零開始的機會。

從零開始
它給人無限的空間
從零開始
它給人無極的想像
站在零點
你面前三維立體
長寬方圓
站在零點
你胸中廣垠浩瀚
冬春秋炎

2010 年

我喜歡寫作，2010也是在那個春天我離開我的博客，我再也沒有機會看顧它了，《從零開始》最近發表在博客上，在這之後，我收到不止一家來信，比如：您的作品已收入詩歌主題《詩夢園》，期待著您為讀者奉獻更多的佳作，致謝！這大概是我考慮開始整理我歷年來詩詞積累的簡單驅動力。那些原本都是我的心情，無處抒懷而留于文字，本無心給人去看的，無心插柳，然柳絮輕柔，如夢如幻，隨它飄去吧。

柳風石韻

柳的順隨
任它東西南北吹
石的堅硬
任它濤裡浪裡行
是它們
構成了
我
那生生不改的
個性

　　這首詩寫於2010，我因為養病家人陪我從嘉陵江盤旋于長江，歷時三月有餘。長兄陳唯隨我將那成都平原的古鎮看了一個遍，並偶得機會得獲了幾枚極其普通的長江石，因而隨石賦詩，除得了那一首《從零開始》以外，還有這首《柳風石韻》以石自比。

西山瓦灶煮紅樓

西山瓦灶煮紅樓

千古絕唱醉風流

多情公子斷腸夢

薄命女兒矣難求

2010 年

　　回到北京居住于北京西山八大處腳下，盤旋于曹雪芹曾經寫《紅樓夢》的地方。想來自古多情亦薄命，黯然神傷。

亂紅飛過皆寂然

無可奈何花落去
似曾相識燕歸來
石齋新詞茶一杯
西山秋雨春不來

今燕不是它日燕
年年新茶見新顏
世上千花好萬朵
亂紅飛過亦寂然

2010 年

誰言空不含萬千

曾經滄海曾見山
淡雅幽清我心安
素女情已居空谷
誰言空不含萬千

2010 年

萬籟寂靜赴征程

得兄珍惜義深深
行色匆匆辭尓行
披星戴月難回首
萬籟寂靜赴征程

2010 年

半年多的將息，三個月的社會深入，我毅然決然的再次離開北京回到紐約。

意決何如心不安

情天情海幻人間
看盡無常心意堅
有淚未必要哭泣
意決何如心不安

2012 年

那回歸的路線

你
甩出了你重力的羈絆
進入了
隨園型的
永不停止的軌道

你
淡出了我清晰的畫面
我驚呀地
看著那個隨園型的
永不停止的軌道

你
沒有了體重的身體
是不是感到了一種
輕鬆自在

我
仍然很沉重的頭腦

那回歸的路線

只望你不要飛得
太遠太遠

你
輕鬆自在
是否還能找到
那回歸的路線

2012 年 11 月 18 日

心明何懼夜暗

天高雲淡
望斷南飛雁
白雪漫漫
難阻大道橫貫
殘陽如血
新月相伴
有車燈伴我夜行
心明何懼夜暗

2013 年 12 月 15 日于返回紐約途中

只要心能夠修復,生活只能夠更好。瓶子空了才會有新鮮的水裝進去。那幾年我奔跑于美東的各大城市,一個新的機會和新的生活給了我,并取得了可喜的成績。聖誕節的前幾天美國到處都呈浸在節日的氣氛中,我因公從華盛頓返回紐約的途中,信心與感激的喜悅由衷而發,沒有異鄉的孤獨,我被所有的歡樂所包圍。

元旦寄語

煙花碎

散落星空藍天醉

藍天醉

一年幸苦

化為杯酒慰

年年今日心兒碎

隔煙望雲

思緒騰越

它年若有閒暇日

借一羽輕翼

乘風登頂

聽家家戶戶

笑語

2014年1月1日

年年今日思鄉情濃

年年今日

思鄉情濃

望斷天涯

錦書難修

奈何紙薄情稠

今日全球

羊年共慶

福報天下

南北西東

那分黑白黃紅

佩寄賀卡

露露傳鴻

艾迪電話

微信爆棚

盡是那喜訊潮湧

親朋好友

天下共遊

太平年景

五洲共酬

恭喜發財震耳聾

2014 年 2 月春节

时值微信时代,乡情已不再是"锦书难修,纸薄情稠"。

雪

雪
風卷長夜三尺三
驚回首
玉龍未下山

一夜梨花舞
落瑛覆冰酥無骨
春到江水尚不綠
何忍傷爾膚

2014 年 2 月

幾度月圓處

舊雪未消
怎堪聞
風來急
雪又至
風卷墜粉
元宵佳節日
暗數一生途中路
能幾度
月圓處

2014 年 2 月 12 日

美東連續三場大雪,元宵節這一天,雪在大風裡面狂卷,就像元宵粉打翻在這天地之間。不覺黯然神傷,罷也,即使沒有大雪,人生幾度月圓?

霧霾

霧霾
霧霾
何故偷偷襲來
東看西看迷路
我家何日天藍
天藍
天藍
紅牆黃瓦金鶯

2014 年 2 月 27 日

我懷念兒時的北京，胡同裡，街坊鄰里，同學家的院子裡，到處是應時的顏色，那棗樹、柿子樹、杏子樹，都不是什麼稀罕的東西，更不用說北京人搗弄起花花草草的閒情。放學一路走回家，隨意花一點小錢，或書攤，或小食，玩到回家。藍天下面，隨處可以看到紅牆黃瓦金鶯……今天北京的二月天是霧霾連著霧霾,得知近來北京的霧霾不得而止,百米之內不能得見家門的消息,假思念朋友之情做小令一首。

又是一年君子來

又是一年君子來
踐期赴諾言
年復一年花吐豔
芬芳出自然
有容天乃大
無欲地自寬
花中君子你為冠
悄然伴我來

2014年5月

　　我相信花與人之間是有感知的。種花人只能夠得見她一年一度，然而她年年踐約而來，沒有矯揉造作。夏天你把它放在潮熱陰濕的地方得到足夠的滋養，冬天你把它放在無光少水的地方，它沒有過多的要求，只有靜靜地等待，等待春天的到來。五月的一天，當你無意看到它的時候，它已經含苞欲放，這時候你再把它放在陽光下面,以淨水澆灌,也許是因為得到了你的關注,她便在那裡洋洋灑灑地開給你看。

荊棘護風流

牆裡開花牆外紅
淡香倚風遊

無意爭冠百花叢
荊棘護風流

無冕自得瀟灑境
來去本自由

若有相知識風骨
落櫻逐滔頭

2014 年

　　薔薇不象玫瑰，它從來沒有被加冕過，甚至從來不會被選擇為瓶插的花。它在荊棘的藤蔓中自由自在地開，注視它的人才會發現它的動人。層層疊疊的花瓣決不遜色於玫瑰。它不矯情嬌氣，不象玫瑰那樣容易生蟲，你理它也好不理它也好，無需水晶石的花瓶，也無需用愛情包裝，真正是無慾為大，瀟灑雍容。

北京舞院 60 華誕賀

千年傳成中國舞
絲絲扣扣出沃土
嘔心瀝血六十載
留與後人話千古

2014 年

遙祝北京舞蹈學院60週年華誕，寫下這首詩爲賀。荷花舞是舞蹈學院第一任校長戴愛蓮先生根據中國民間舞蹈的形式與素材創作的傳世作品。八十年代初我們代表中國藝術團第一次訪問美國，荷花舞是其中的舞蹈之一。

盡是樓宇複桑梓

樓群逐筍
高速環城
八月桂香混煙塵
流水不解行人意
急急匆匆忙不停

翠葉籠煙
日羞於雲
潑盡水墨陰沉沉
盡是樓宇複桑梓
紅稀綠瘦誰解情

2014 年 9 月成都

　　成都是我出生的地方。抗日戰爭開始的時候我父母隨大批的藝術家從上海撤退到四川大後方，在我們的父親奔赴各個抗戰一線做戰地攝影的同時，我的母親在四川成都辛苦地養育著先于我出生的三個哥哥,成都就此成為了是我們的老家。我生在成都長在北京。父母去世之后葬于成都,從2010年以後我幾乎每年都會回到成都,去給父母掃墓,緬懷他們了不起而又不容易的一生。2014年秋天我再次回去,每一次回去都看到了迅速變化的成都,心中升起一種莫名的情感,不知是喜是憂。

人心物欲壑難填

離開成都的那一天，再訪杜甫草堂。杜甫在成都草堂居住了四年，憂國憂民寫詩240余首，成為千古絕唱。詩人的激情久久在我心中蕩漾，成句一首以示敬仰：

先聖著詩史千古
自稱野老草堂翁
瓦灶陋室夜裘寒
還念廣廈庇歡顏
步入聖堂愧難言
桂香鳥鳴年複年
同是浣花溪水前
人心物欲壑難填

2014 年 9 月 14 日杜甫草堂

雖然感歎於時代的變遷，物欲的貪婪，但是成都永遠是成都，成都"是一個來了就不想走的地方。"（張藝謀）我在成都品嘗了食物、春天、人生、自然、美酒……還有那無拘無束的自由。從一個城市的氣質，生活形態，幸福指標，個人自由度來講："它象巴黎。"不要笑，這是一個女作家講的，而我完全同意。不以成都的散亂來掩飾，嚴肅地講，它們的物質與非物質同樣富有。你只要把咖啡變成茶，把紅酒變成高粱酒，加上成都人自古以來的那股子逍遙勁其實與巴黎人沒有什麼兩樣，我說的是本質。這，並不拘貧富。

成都是一個種什麼長什麼，插什麼活什麼的地方，人說富得流油……。怪不得歷史上任何戰爭的支撐與戰後的休養生息都不能離開成都，不能離開四川。連唐太宗和慈禧太后逃難都要逃到四川來。僅抗日戰爭，就有三分之一的川糧和300萬壯丁出川，30萬川軍轉戰南北。宋末明初和清初的兩次大的移民，都是戰後的產物。（史稱湖廣填四川）四川為中國養育了成千上萬的災民。廣東、江西、湖南湖北的移民，於是一街四館，囊括了廣東、江西、湖南、湖北和四川。

成都有廣納百川的能力與氣概。據說移

民是一個敢於闖蕩，敢於挑戰和能夠吃苦的的族群，匪夷所思！鬼知道他們怎麼也會被成都人的悠閒散漫給同化了。

驚聞錦武病重

問人生何苦匆匆
風馳電掣帶雨伴風
憑欄細咀
不知那滋味
已無從回味
春去依稀如夢
不知繁花落盡
芳醇輕辜
狂歌如舊
情難舊
這愁
今生不了
來世何休

2014 年 10 月 25 日

驚聞錦武病重，心又開始像那斷了線的風箏。
他是我兒子的父親，我那不成功的婚姻的另一端。

一筆難寫兩個季字,兒子的負擔與憂心當然也是我的掛牽。一時間五味陳雜,愛恨憂懸擺了一地一桌無從收拾,這愁,今生不了來世何休。

問天

秦時明月
漢時關
無言與我對看
你讀世界千年
可否與我交談
你若非草非木
示意蒼茫大千

2014 年

唯我蘭草獨豔

陽和雪漫
素縞一片
萬木凋零
唯我蘭草獨豔
清香淡淡

不爭時節
一年期盼
如期而至
幾度花飄
都化作相思一片

無鉛華
勝重彩裝扮
自散漫

2015 年 2 月 6 日於紐約家中觀賞蘭花

我喜歡蘭花,特別是君子蘭,君子蘭在春天裡開花,每年的春季裡都給我帶來春天的腳步與驚喜。而這些蘭花,是在冬天裡開花,於是顯得格外精貴,黃色的小花已經在我家裡定居了多年,綠色的蕙蘭是今年的新朋友,希望它喜歡我,能夠在我家定居下來。

好花知時節
——仿杜甫〈好时节〉

　　於冬去春將至時，室內蠍爪蓮象小鳥在空中飛舞，聖誕紅與君子蘭相遇，室外破土而出了早春的斑斕。難得閒來無事，想起杜甫的《春夜喜雨》，於是翻閱唐詩，不知淺薄模擬詩聖，作小兒描紅。

好花知時節，當春乃發生
隨風潛入室，朝陽破土生
暉下輕似羽，火紅重情深
曉看紅濕處，惜我也一生

2015 年

今生無憾

好友顧蓓蓓在紐約"新苗舞蹈中心"服務了近三十年今年退休了,我為她高興,一副諾大的擔子,可以放下了。紐約新苗文藝中心為她組織了巨大的告別活動,很多同她一起工作過的朋友,學生為她的出色貢獻用各種方式與她告別,她充滿感情地說:來生如果還能回來,我一定還做一個舞者,以還大家的期許。得到消息以後情發於中為她寫下了下面的句子:

今生無憾
舞伴我行遍
華夏美州
何言路漫

今生無憾
桃李常相伴
青自藍出
慰我心願

今生無憾
苦辣酸嘗遍
舞中為樂
台下何見

今生無憾
來世再許願
舞鞋寶劍
容我再穿戴

2015 年

珍惜今日便是

山是青山
雲是雲
水自東流
人自行
昨日之水
今不再
今日之時
惘再尋

2015 年

沒有浪漫

　　子君，祝賀你的寶寶滿月！我翻看著你的照片與遙遠的你說話，那個拿到碩士學位高興得不能自已的你就在我的眼前。很怕你不知道得到孩子與養育孩子是兩個事情今天你要習慣與你自己你告別了，有一天你會煩躁不平，失去耐心，你會和丈夫打架，都是為了孩子。但是我們是母親，我們別無選擇！付出而不要期待回報，只有這樣你才會獲得平靜。心到那裡生活就在那裡。一切浪漫都過去了，你會第一次看到生活原來是極端的平凡。不要抱怨，只要心裡有內容，枯燥的生活不能夠綁架你，鬆綁你的心。現在才是生活的真正開始。母親的偉大在於平凡，很像是教科書是嗎？不是！是真實的生活，沒有浪漫！聽到他的啼哭，看到天上的星星，你會覺得世界是如此的美好。

　　　　　　母親
　　　　　　沒有形式

母親
沒有聲音

母親
沒有討論

母親
沒有辯解

母親
是生命的延續

母親
是安全的守望

看
大地
日月
雲水
星辰

聽
啼哭
歡笑

歌唱
喃呢

2015 年 6 月

邊城的歌

山
刺破青天
只開天門一扇
幾億年我們相見

洞
雲水斑斕
只為賜雨梅花
千萬年慈母淚現

水
依山傍松
只有阿哥阿妹
千百年邊城[1]呼喚

車
奔馳呼嘯
只會千朋萬客
十幾年我們踏遍

山啊洞啊水啊

阿公阿婆阿哥阿妹啊……

我
只能
向你們
深深地深深地深深地
跪拜

                    2015 年 9 月 15 日

註1：瀋從文《邊城》的故鄉。

他鄉何處是歸處

友人語重深長地勸我"他鄉何處是歸處"。這個問題年年歲歲如何不曾想過,但是一遭被蛇咬,十年怕井繩,吾等愚笨,離開本土的時候那裡雖然清貧,但是還沒有今天的權力山,金錢山,人情山。我如今更是變得不懂世故,因此也不敢歸山。小的時候年年都要上北京西山去看香山紅葉,那時真的很天真,年年都要興奮一回。經年過去,現在人大了,心境也變得粗獷了。看慣美東的紅葉,透著那漫山遍野的紅色,我醉倒於那種野性與瀟灑,也就不再有欲望為看紅葉上香山了。自由的生活,空間,思想,做自己的主人的感覺真好,你不在乎了很多的事情,這世界真美!

海水藍

碧上天

日出紅遍天一邊

鷗散漫

海天間

遊弋天涯
心在藍天
歡,歡,歡

霜葉紅
鋪滿山
不為紅葉上香山
山不高
路難攀
言何歸處
山花已簪
難,難,難

"言何歸處,山花已簪"此兩句典出於南宋嚴
蕊:"若得山花插滿頭,莫問奴歸處"。

2015 年 10 月 16 日模擬陸遊《釵頭鳳》詞韻
反其婉約風格,填詞一首《它鄉何處是歸處》,
2017 年 8 月 30 日為之加序。

秋弔季錦武

　　他是我這一生唯一的丈夫,終於撒手人寰去了,我隨兒子去了他的墓前憑吊。西山的山楂正紅,低低的垂下了頭,遙想我們的初戀曾經沖破過多少壓力,那情那境還如昨日。無常路,已是苔影深處。為我們曾經的因緣果,循《風流子》填詞:

　　暖風拂新塚
　　山楂紅
　　搖曳風重重
　　何事急匆匆
　　枉辜負了
　　秋景無數
　　門前虛渡

　　無常路
　　須是苔影深處
　　無有《紅樓夢》
　　欲語還休

陰陽相錯
無以遣懷
西山日暮

遙想少年時
都不曾
把那私情暗渡
最苦無語
手牽手兒目住
人隔天也阻
窗裡窗外
隔它不住
音信密傳
柴房私顧
明月不忍
剎時間雲裡駐……

2015 年 9 月 27 日

秋日別友于京華

2015秋別友于京華,時賦詩一首,相約來年可否京華再聚,一敘冬春。

秋
豐碩一眼收
京都棗栗好
歎我離匆匆

秋
情濃言未休
紅牆連黃瓦
無言杯滿盅

秋
盡在無語中
霜葉金燦燦
話別在心中

秋日別友于京華

秋
中秋月寄書
與友約來年
相聚話春冬

2015 年 9 月北京

花衣退去悄無語

一夜秋風起

夢驚醒

怕見明日階前景

落紅不爭

來時無言

今日離去

花衣退去悄無語

百草千花尋無處

留得暗香秋風裡

2015 年 11 月 3 日紐約

歲末回顧

願年年花開紅似火
顧歲歲浪高不驚心
度日日心淨如淡水
觀月月潮水映朔盈

  2015歲末,回朔一年裡雖經歷高高低低,熱似火,淡如水,不驚就是了。

壺流河的大米

這首詩寫了一半放下了,其實我剛剛從地中海轉了一圈回來,經西班牙,馬賽,土倫,龐貝古城,義大利的魯卡(普契尼的出生地)西西里的陶爾米納,那裡有西元前三世希臘古劇場,向著太陽出升的地方今天還在進行各種國際演出。希臘的科孚島,以及威尼斯。回來後無數彩照美景,以及帶回來的書籍夠我消化一個時間的了。不知道為什麼,壺流河的情境不停地回到我的心中,竟難斷回頭,思那風雪壺流冰封,念那大米親種。

> 幾度夢回
> 塞外張北
> 凜冽寒風
> 睫毛霜結
> 淚花兒隨雪花去也
>
> 立黃土殘破雕樓
> 看壺流河水

似千軍萬馬圍城
逃無處
心兒啼血
那惡夢幾時曾有離去
縈損肝腸
多少年涼汗侵裘
午夜驚醒
情切切魂牽千里

旅歐美大陸
看美景無數
竟難斷回頭
思那風雪壺流冰封
念那大米親種
春種破冰刺骨
夏鋤蚊蟲為友
秋來大米收倉
又磨破多少嬌嫩皮膚
端起那碗兒手顫
那米
無滋味堪與論比

1970年1月中國歌劇舞劇院、中央歌舞團、中央美術學院、中央音樂學院、北京舞蹈學校等中央直屬文藝團體浩浩蕩蕩下放張家口軍隊農場。歷經三年的春種秋收以及嚴酷的政治活動。於1972年,秋收後回到北京。

舞向天邊無盡頭

　　2016年我正為主持《紐約舞蹈大賽——海外桃李杯選拔賽》嘔心瀝血，顧蓓蓓因照顧家中老母不能夠直接參與，但是，我們三十年在同一個戰壕裡面滾出來，她對於我的理解盡在無言中。她把她經年來的資源，經驗無私地給予了我。當年我們兩個一個從上海歌劇院來到紐約，一個從北京中國歌劇舞劇院來到紐約，之前曾經慕名而未曾謀面，我們在紐約相聚，一行就是三十年，回想我們當年一起在臺上，劍舞是蓓蓓的看家舞段，雙綢舞是我的特長，一個剛一個柔相得益彰，借《長相思》詞牌填詞一首以寄懷念。

　　　　　情悠悠
　　　　　舞悠悠
　　　　　舞向天邊無盡頭
　　　　　鄉音伴我躊

　　　　　劍舞剛

綢舞柔

一路行來三十秋

上蒼慰願疇

2016年1月23日

又記：我，蓓蓓，Amy，三個人在新苗一起工作了很多年，Amy是我們的學生，酷愛舞蹈近於瘋狂，哥倫比亞大學畢業，一頭紮進了"新苗"，她們兩人對新苗的發展功不可沒。紐約新苗文藝中心，曾經我們的家。三十年來不知道有多少大陸，香港，臺灣的舞蹈家音樂家在那裡駐足，修養生息，我們走進去，又走出來。我們給了孩子們，孩子們也給了我們，東西方的文化在此交合，並且走向社會！而蓓蓓一直在那裡生活了三十年，直到功成退休，她伴隨著"新苗"的歷史，伴隨了無數在美國出生的華裔孩子們的成長。新苗的演出一年有幾百場，有大型，小型不等，記得一次在丹佛，演出名為："The best of China"《最好中國》，演出人員是：張健一，田浩江，湯良興，齊淑芳，陳幗，胡嘉祿，韋來根，韋福根……而蓓蓓和Amy作為背後的組織者確沒有在場。

親朋舊友賀新歲

細雨代雪
又匆匆過了
元旦佳節
親朋舊友賀新歲
佳句情滿心扉
多少回味
舞臺生涯
臺上臺下情人淚
後臺曾為酒醉

臺空人去
思情景夢碎
舊影新篇
寶哥林妹新人淚
奏新曲更舊弦
萬人仰慕
盛唐典樂
燕舞輕騰步履遂
後人催得人醉

料得來年
京華重會
報喜雀兒沸
那時再問
佳釀可曾預備

2016 年 1 月 10 日紐約

半齋居人

半文半藝半人生
半工半讀半生存
半東半西半視野
半睜半閉半渾沌
半溝半坎半行路
半磕半碰半為人

2016 年 8 月紐約居所

家

在我的這個年紀可以給家這個字講出許許多多的不同的內容與概念。可是對於年輕的男女孩子們你無法同他們講得清楚。他們各人有各人的定義,作為女性作家,我還是要為那些女孩子們代言。

你
給了我一張床
我
讓它
總是鋪滿愛

你
給了我一粒種
我
讓他
健康又可愛

家

你
給了我一個屋
我
讓它
成為整個世界

我是家
家是我
你
根本
就不能夠明白

2016 年

雪中紅梅

2016的后半年,生活中幾乎沒有什麼打擾,寄情於珠子絲線的晶瑩斑斕,靜下來採擷情感編制夢幻,嘗試手工編織自創首飾。很小的時候,外婆就教我學習穿珠珠,繡花,據說她們那個年代的女孩子學習針線都是從穿珠珠開始的,這是手,眼睛,和心的訓練過程。思念著外婆,想來幾十年后我居然還會做這些,升起甜甜的回憶。無心插柳柳成蔭,集親人與朋友們的鼓勵,成就了《KCNY Jewelry Art》

《KCNY Jewelry Art》手工首飾藝術是我的即興、即時、隨意、造意,將我藝術生活中對於美的感覺及此時此刻的情感編織出來,與大家分享。因為是寄情,是手工,它們的問世緩慢而經心,有些作品完全不可以重複,有的可以少量,部分,變化重複,隨我擁有的材料與情感而流動,同時因心情流動隨時為它們配以即興小詩一首。這些僅在朋友圈子裡面分享。有人如果與它們有緣,讓她們帶走,只要它們的陪伴能帶給孩子們些許对美的眷戀。

百丈冰雪枝頭開
無意掙春獨往來
但得百花爭艷時
泥土留香待來年

2016 年

秋菊

當百花悄然離去
你迎著寒風而來
高貴的身影
帶著太陽的光環
高傲中透著肅颯
阿娜的天資無法遮掩
秋天嫣然被你裝點
你享有金秋的尊嚴

2016 年

芈月時代

泥土中揭示的厚重積澱
你那無聲的顏色和形態
仿佛聽到諸子在爭辯
一個遙遠神秘的世界
在這祖先厚積的土地上
帶上一份對先秦的紀念

2016 年

夏冬

冬：你我心儀永遠
夏：但是從未謀面

冬：我崇敬你的炙熱
夏：我愛慕你的清寒

冬：如果這崇敬與愛慕能夠永遠
夏：我寧願生生世世都不要謀面

2016 年

春秋

春天的嬌嫩是妳的顏色
秋天的豐滿是你的姿色

春，美得嬌艷
秋，秀盡金燦

你是我的春
你是我的秋
你是我心中最美麗的世界

2016 年

星星在閃亮

星星在閃亮
沒有改變它的方向
我們分手在無名的路口
眼看你消失在地平線上

星星在閃亮
沒有改變它的方向
我佇立在分手的路口
長時間的翹首盼望

星星在閃亮
沒有改變它的方向
我總是盼望星星
能帶你回到分手的路上

時間磨掉了所有
所有都沒有了方向
只有無名的路口
星星還在它的頭上

星星在閃亮
沒有改變它的方向
只是我已經跟上
那趕路的太陽

      2016 年仲夏

9·11 祭

　　一直想為9·11寫點什麼，我的三哥當代水墨畫家陳帆的作品《9·11祭》撥動了我的情懷，畫面中濃烈的悲憫之感；燃燒的雙子座；隱約的白色十字架；斑駁的墜落；苦澀地灼燒；它們呼出了我悲蒼的情懷：

雙子煙嫋嫋，驕陽光難看
遙知不是夢，生死報信來

開田廣種粟，煮海亦成鹽
何由種仇恨，無由赴黃泉

昨夜燈下誓，今晨海未幹
悲歌傳萬里，夢中呼爾還

2016 年 9 月 13 日

半個地球那邊人

無事將心寫秋葉
夜耿耿兮而不寐
一夜秋雨庭前灑
清晨冷風拂心菲

人人中秋月下賦
我與冷輝晨相偕
半個地球那邊人
當是月下酒酣醉

2016 年中秋

雪後山路

雪後濃霧山路中
輕紗漫移影綽悠
恰似一幅山水畫
欲見實時又似空
天遠地清神欲往
欲道空時實不空
素色原非無顏色
辭去彩衣好乘風

2016 年 12 月 20 日

那日開車在去新澤西的路上，風景如是，心情如是。寫於美國新澤西州。

杯杯清水皆佳釀

　　2017年1月27日大年三十守歲之際，回顧2016年一路行來之不易，先前曾隨東坡詞《定風波》之意成詞一首。東坡先生詞中"一蓑煙雨任平生"此時到頗能夠代表我的心情，感東坡先生另外二句原句："回首向來蕭瑟處，也無風雨也無晴"惟亦以此為勉。

　　杯杯清水皆佳釀，雨打殘荷亦盡情
　　風雨陋室淺，茶淡情亦深
　　百草出一味，苦甜並頭生
　　行來亦辛苦，並無歸去心
　　回首向來蕭瑟處，也無風雨也無晴

2017年1月27日中國大年三十守歲於紐約家中

蓬萊仙境

《紐約2016舞蹈大賽—暨海外桃李杯選拔賽》於2017年1月14日在紐約勝利結束。這場賽事從2016年4月30日開始到2017年1月14日結束,為時9個月。大約有四個州的130多個節目參與。比賽從上午10點開始到晚上9點結束,最後在5個舞蹈分類,5個年齡分類中決出了他們各自的前三名。這場比賽中有十五名專業評委參與了評審工作,他們都是來自紐約,新澤西,波士頓,康州地區的出色的舞蹈教師,舞蹈專家,舞蹈教授,他們都具有本科以上的舞蹈專業學歷背景。他們的參與都是義務服務,大會沒有發給他們一分酬勞。這些成就完全歸功于這些舞蹈家服務于社會的熱情,是大賽的聚集力,是這個活動成功的全部保證。另外有四位工作人員以及在現場記分算分的工作人員,他們是來自NYU大學的在校的藝術管理系學生,在整個長達一年的賽事過程中,美國中文電視臺SinoVision,紐約皇后劇院Queens Theatre, Flushing Council on Culture and the Arts以及洛杉磯《海外桃李杯總賽區》給予了我們鼎力協作, 在一起我們完成了一個成功的具有專業水準的大賽。

作為美國華美舞蹈研究中心 (Chinese American Dance Institut) 的發起人,《紐約舞蹈大賽——鑒海外桃李杯選拔賽》組委會成員,在混亂的忙碌之後才有心回味。這次舞蹈賽事是我個人心中的壇城,也是給華人社區的回報,作此轉調"踏莎行"以告慰父老鄉親。

一月驕陽
曉風無力
看萬花同綻
紐約天地

人間好景
老幼同台
秀百花四季
蓬萊仙境

2017 年 1 月 30 日

門外掃雪去

借得三杯黃酒力
門外掃雪去
雪夜燈下恐無人
不知曉
家家燈火密

誰道西風獨自涼
鄰里來相幫
歸來香茶尚溫曖
一杯熱肚腸

知否
知否
春已到門口

2017年2月9日, 酒後掃雪, 乘興而作

家裡來人

昨天
家裡來人
風雪卷了一天
就象那
大年的三十

今天
瓦藍的天
伴我
去拜年
看看家裡人

是林肯中心
不
是天橋劇場
那情
那景
是歌劇院的人

劇院
歌劇院
中國歌劇舞劇院
那是家裡的感情

陌生熟悉
那劇那情那景
不是劇院的人
不能

陌生熟悉
那風度那氣魄那氣場
不是劇院的人
不能

陌生熟悉
那圓場那舉手那投足
不是劇院的人
不能

曾經
我也是
那劇院的人
恍如隔世

今天
　　又找到了
　　家裡的感覺

2017 年 1 月 9 日

　　中國歌劇舞劇院到紐約林肯中心演出大型民族舞劇《孔子》作為歌劇院老演員的我榮幸地得到了劇院的邀請并安排了兩張票，這種盛情已經讓我感動不已，當我看完了全劇，為劇的編導，舞的編導，演員陣容，以及音樂所傾倒，美哉《孔子》，壯哉中國歌劇舞劇院！我為我曾經也是劇院的人而自豪！時間的倒錯，似幻覺陌生而熟悉。

風雪年夜思懷

才聞春風到
卻又北風來
斷腸人不忍
桃絮飛滿天

夜溫獨杯酒
春夜思往年
兒時過新年
父母伴身邊

風雨陋室淺
父愛擋風寒
粗茶母不嫌
兒女繞床前

十盤年夜飯
母親費周旋
花生人半斤
瓜子僅半盞

多少難過事
父母從不言
同是風雪夜
人間情滿懷

思罷看窗外
雪濃霧靄靄
恐有行人過
出外掃雪來

2017年2月9日

兒時的記憶裡面沒有三反五反，反右，記得一點點大躍進人民公社，但真真切切記得肚子餓，商店裡面沒有東西可買，家裡面沒有足夠夠的東西可吃。但是過年并不缺溫暖，政府配給了肉，魚，花生，瓜子。有父母的日子都是溫暖美好的，他們咽下去了所有不能夠讓我們知道的事情，誇張了他們可以給予我們的快樂，沒有紅包，沒有煙花，沒有玩具，溫暖的小屋充滿了愛的歡笑，只有那情景永遠在記憶裡。

歸鳥

簷上雙棲鳥
歸來尋舊巢
老樹今何在
四處顧周詳

昔日紅楓樹
伴我紅羽裝
護我舊日屋
庇我夜夜長

恍惚欲離去
老嫗立門旁
切切情盼盼
欲飛又盤翔

吾欲伴爾居
耐何無處藏
日月追無處
遙遙思無常

母親，你有多大能量

昨天
雪打斷了我的松椏
冰凍的松枝
看上去
好像冰崖
它
冷藏了時光
剔透的片刻
你把它收藏

今天
雪地裡走出了早春
嬌嫩的花朵
看上去
好像嬌娃
它
露出了雪面
勇敢的片刻
細嫩的枝丫

時光
一片又一片
來了
去了
改了
換了
母親啊
你有多大能量
可以讓它們
如此
妖嬈

2017 年早春

痛弔郭淑意女士

娉娉嫋嫋十三餘
天橋初舞始同行
三千考生十數女
十個姐妹寒暑行

二十八載同台舞
難捨難分河東西
忽聞哀鐘家書報
黃泉路上君早行

留得姐姐少年容
不由心酸淚水流
人生苦短女兒淚
涅槃重生早回頭

2017 年 6 月乍暖還寒時

三尺頭上有神明

這個世界真的有靈魂
科學家們
已經證明

這個世界真的有來世
轉世已經
是個事實
——據說

為忠良
我們寒食禁火
為清明
我們發願謹行

清明
不要忘記
三尺頭上有神明

2017 年清明

　　清明節古稱寒食節，為紀念忠良介子推國人三天不生火而吃寒食，"子推言避世，山火遂焚身。四海同寒食，千古為一人"直到今天山西當地居民晚飯仍然有不生火做飯的習俗。

　　清明之際陳幗在此一拜介子推，二拜父母祖先，三拜一百年來非正常逝去的中國人！

春再懶,也已經到了眼前

紐約的春雨
妳
為何
晚來
清明等你到穀雨
昨天
妳
移步懶懶

嬌傲
怕見百花
自私
惜水怕舍
來了
就不要半遮面
給了
就不要說討還
你看
春再懶

也已經到了眼前

2017 年穀雨

勿以小自棄

盆景藝術滿載了中國傳統哲學的意境,以它呈現的人文精神自勉之。

尺幅奈何天地
造化怎拘大小

觀微
思萬物小而自在
察博
量天地大而坦坦

勿以小自棄
勿以豐為滿

載天地之精氣
造物气之亨通
盆景也

2017 年

秋晨調侃

陰雨天氣,閑而清靜
循古法制,窩頭三枚

有機黃豆,查明身份
私房手工,豆漿現制

末法時代,求實不易
證得實相,萬物本宜

近聞古法,需金購進
市場招標,盡行其市

2017 年于紐約書房

秋晨陰雨天氣,自製了純中國鄉村早餐,豆漿和玉米麵窩頭。它們製作起來並不複雜,但是為了尋得有機玉米粉和有機黃豆確需要去專賣有機食物的地方去買,這在美國也並不是困難的事情。朋友們從中國帶回來的東西近年來的包裝很多的都冠以"古法手工製作"的標籤,包括紅糖藕粉等。於是自我調侃,看來這豆漿窩頭的制法也應該被重金收買招標上市。

借來生一用

才飲瀘沽水
又食順德魚
親兄妹飲茶敘舊
引多少宿願同赴
珠江夜遊
看神州新景精繡
憶往昔歲月蹉跎
江海如夢
負先輩志向
一百年太短
受兒女厚望
借來生一用

2017 年 8 月 15 日

2017年秋我與三哥并隨同幾個侄子姪女從成都玩到瀘沽湖從雅安玩到珠江畔，從珠江玩到香港，一路暢談，我于廣州珠江江畔作此詩一首以舒兄妹之情。感人生之短暫，光陰之寶貴，人生瞬息即呼嘯而過，借三哥畫作一副以感歷史尚且如風馳電閃，惜當下時光緊迫之心情。

秋語二

不必話淒涼

一夜秋風起，不必話淒涼
夜寒緊掩裘，晨露添衣裳
冷暖需自顧，晨曦亦拂薔
花開寒風裡，黃菊笑秋陽

日常常

自古傷秋成佳句，我話秋景非淒涼
人人眼中自成景，全賴心中日常常

2017 年 9 月 1 日晨光下有感

其實我要的本不多

其實我要的本不多
卻好像一生都在躲
生在名利的中心
懼怕那中心的漩渦

我愛清茶素酒
我慕靜怡親和
想與一人相敬相守
只要一間陋室柴樓

在父親的肩頭看過名
在母親的懷裡吮過利
我好像一生都在躲
懼怕那中心的漩渦

看過一夜間的富貴糞土
聽過一瞬間的清音狼吼
我好像一生都在躲
懼怕那中心的漩渦

其實我要的本不多
清茶素酒
靜怡親和
相敬相守
陋室柴樓

2009 年秋日

又至重陽

又至重陽，三年前，2014年10月2日的重陽節是一個閏九月九日，那天我送萌兒登機回京，當時他接手了一個新的巨大又未知的項目，開始面對他人生中的又一個挑戰。作為媽媽，我只能夠永遠是他的啦啦隊。看見他的背影走進登機廳，心裡隱隱作疼。送他登機以後即興寫下了下面的這一首詩，三年過去了又是黃花時節，他風雨兼程登了一山又一山，我佩服他的鎮定與承壓力。一路行來，一覽眾山小，霜雨見芳華，媽媽希望他得償所願！

九九重陽又閏九，霜色釀成菊花酒
登高直向雲中去，一覽眾山心無悸
菊花何地不發芽，待得霜雨續風華
山花自有群山志，戰地黃花遍山崖

2014年10月2日重陽節作
2017年重陽節作序

南飛雁

長鳴南飛雁
繞我辭我行
數月塘前影
日日伴我勤

此去路途遠
朝飛暮覓棲
隨隊行與食
勉力勿落群

來年春回日
塘前待佳音
相見敘舊日
水暖共與情

2017 年秋日于長島 Port Washington 水邊

　　見一群飛大雁辭行而去,念爾路遠行艱,默默為爾祝福。

艷陽天別秋

秋
你不願去
我不願你走
留下這回身一瞥
是遲，是早

遲開的孜孜花
艱苦地留下了你的芬芳
通紅的辣椒
聰明而不費時節
緊趕慢趕
番茄還在爭紅
而豆豆卻已經
滿懷

等你
等我
等我們告別
秋……

你還要
再來

2017 年

　　與家中的花花草草番茄豆豆為伴，也是耳鬢廝守一般，從春到夏到秋，一年也有一百多天。和它們相處觀察到它們的個性多少都不太一樣，但是對於氣候節氣都是極度的敏感，和人一樣它們也有攀比心。秋天收拾殘苑多少有些淒涼，我總會避開陰天，找一個豔陽天看秋的優美回身，與我的這些夥伴們深情告別。

夢清明

不喜歡聽聞與討論政治，但是國中貪腐的驚人消息頻頻傳來，人豈能夠在這個世界上活上一千年，何須千斛萬斗量金銀。為我多難的華夏大地，心情被攪得極度傷感。翻閱宋詞想以此釋懷，不覺循李清照《聲聲慢》詞韻填寫了下面這一首詞，借此些許放下一點沉重的心情。

平平仄仄
陰陰晴晴
飄飄浮浮沉沉
人生暮時將至
甚難心平
千年道情唱遍
終是那
舊曲輪回
祖唱罷
父跟隨
無心總蹈覆轍

男兒前赴後繼

空折損

熱血壯志難遂

多少代人

方治得這河山

千年萬世太平

夢清明

婦孺太平老有養

又何須

千斛萬鬥量金銀

2017年12月3日

心，唯一的去處

情發於中
踏歌起舞
淚流於心
身隨心動
舞蹈
是感覺的動
更是動的感覺
心的呼喊
心的顫抖
它
經歷了語言的無奈
說出去
又咽回來
它的宣示
在舉手投足
它的傳遞
在不可言說
它的魅力
在心靈召喚

它的內涵

在你的覺受

心

是它唯一的去處

2017 年

觀舞蹈藝術家侯瑩舞蹈團的排練,深被感染作如是觀。作于 2015 年, 完成於 2017 年。

為什麼找不到答案

多少次擦身而過的光亮
曾經是心頭揮之不去期盼

多少次錐心刺骨的寒冷
曾經使身體承受不住栗顫

多少次遍體鱗傷的痛苦
曾經使神經麻木不知痛楚

多少次心頭升起的動機
也已停止呼喚不再紀念

是世事人變
是人事世亂

為什麼
我
找不到答案

2017 年

已經有多久

分手了
已經有多久
不用問
也不需要
解釋

分手了
如同沉入海底的古船
那裡面的故事
已經沉入了大海

海水的苦鹹
銷蝕了青磁的光彩
只有樸素的初心
還能顯而得見

分手了
如同沉入海底的古船
那里面的故事

已經沉入大海

泥沙的淤積
保持了古窯的特點
有什麼可以
還原那時代的遙遠

分手了
已經有多久
不用問
也不需要
解釋

分手了
如同沉入海底的古船
那裡面的故事
已經沉入了大海

2017 年 9 月

我希望

我希望我有勇氣
在時報廣場上
托缽乞食
生命除了聲色享受
本還有更深的意義

我希望我有勇氣
在王府井街上
托缽乞食
曾經有一個王子
拋棄王位權利
去探索生命的本質

我希望我有勇氣
向街頭的流浪者
托缽乞食
生命除了活著
還有更長的旅行

我希望我有勇氣
在香榭麗舍的酒店
托缽乞食
曾經有一個王子
拋棄寶馬赤足
走出了曠世的真理

我希望我有勇氣
在病人面前
托缽乞食
慈悲的升起
是自我救贖之旅

我希望我有勇氣
在銀行門口
托缽乞食
車裝斗量的金銀
不能阻止無常的升起

我希望我有勇氣
在豪宅門口
托缽乞食
曾經有一個王子
拋棄嬌妻子女

為有情眾生布施了他自己

2017 年秋

我成長于一個無宗教的環境，革命革掉了人們稟有的慈悲情懷，認為不勞而獲的乞討是不齒的行為。那一年在南方工作，常常在街上吃最簡單的陽春面，而那一年南方要飯的人特別多，北京出來的年輕人，哪裡知道人間疾苦。我們常常不但不予布施，還認為他們不勞動不得食。今天我才知道世界上的事物不是只有一種解釋，一個視點，才明白布施與乞食的真意。「聞托缽乞食，未聞安生以享。」「何況入道之人，為解脫故，自降其身，而行乞耶？」乞者拋棄世間一切物質，尋求一切有情眾生的解脫，施者以福利施与僧人，也是為了幫助一切眾生。無論將自己所擁有的財物或佛法給予眾生，雙方都是布施。這一乞一施形成了心靈的溝通，善良的升起。更何況饑饉年間的芸芸眾生。據說僧人乞食在釋迦摩尼時代就有有嚴格的要求，維摩經弟子品曰：「住平等法，應次行乞食。」缽以需要為大小，不論窮富挨戶乞討以七戶為限，即或于乞婦面前。今天在泰國，每年的夏季三個月，很多年輕民眾以至於高管脫下西服，穿上僧袍剃度三個月，上街托缽乞食，修行佛法，以提醒自己于物質世界保持菩提心。

入人境心苦，入仙境身難

人
食人間煙火
享天倫之樂

仙
受天地造化
于云去風來

佛陀涅槃 2500 年
我等還在這輪迴中執著徘徊

弟子求教于佛陀
我等似人非仙
入人境心苦
入仙境身難
如何能了此身

佛陀說
問我作甚

去問自心
證得無分辨之心再來見我

2017 年

菩提挲婆柯

如果我還可以
被使用
請標籤我
紙、樹、水、煤、肉
去印刷、去避熱、去解渴
去取暖、去喂老虎

如果時間還可以
被穿越
請允許我
回到 2500 年前
去到 2500 年后
在一塵和萬塵中清晰的看到我

如果你的船
還很大
請帶上我
沒有重量
不用力氣

沒有硬度
沒有體積
只有一個聲音和你一起

"揭諦 揭諦 波羅揭諦 波羅僧揭諦
菩提挲婆柯"
"揭諦 揭諦 波羅揭諦 波羅僧揭諦
菩提挲婆柯"
"揭諦 揭諦 波羅揭諦 波羅僧揭諦
菩提挲婆柯"

2017 年

念日月靜好

元旦日
洽冬月十五
雪後月明
一片寂靜

月光燈火
相輝相映
念日月靜好
心生無限敬意

感天地厚德
衣食無慮
盛世當知惜福
憫惜大地

今晚的月亮真圓，步入門外見此和平景相，我才發現今年的元旦日也是是陰曆冬月15日，感天籟靜怡，心生一片暖意，乘興賦詩一首，以謝天地。

思

自性本光明
塵勞狼籍生
天地自有情
徒勞亦無增

得與青山近
天碧心也清
莫量人長短
自思書案新

紅塵白浪險
濤頭弄潮人
浪下鬼亦雄
人生途更深

2018 年冬日

快樂 vs 痛苦

我們從來都不知道
快樂
即是那
未成熟的痛苦
我們
也從來都不知道
痛苦
即是那
曾經有過的快樂
我們
追逐著快樂
透支著痛苦

如果
人能夠懂得
在快樂的時候
後退半步
鳥將常飛
水將常流

如果
人能夠懂得
在快樂的時候
後退半步
天會常藍
花將常紅

如果
人能夠懂得
在快樂的時候
後退半步
鄰里常幫
人間常和

如果
人能夠懂得
在快樂的時候
後退半步
天地常在
人畜常榮

2018 年 2 月

我們已經走得很遠，很遠

在宇宙中，在行星裡，在地球上，人類屬於那一種歸類？靈性，物性，無類性？我困惑⋯⋯

我們已經走得很遠，很遠
以至於
看不到了
我們的起點
一代人和一代人
短短的時間
似乎隔了
很遠

我們已經走得很遠，很遠
以至於
聽不懂了
我們自己的語言
一代人和一代人
相互講著

聽不懂的
觀點

我們已經走得很遠,很遠
以至於
覺不到了
我們的冷暖
一代人和一代人
交換著概念
改變了
冷暖

我們已經走得很遠,很遠
以至於
看不清了
我們的臉
一代人和一代人
加速了變幻
象卡通
旋轉

2018 狗年

願

人間眾生靈
世世我母親
我今發宏願
代代隨爾行

不見天空藍
不見河水潔
不見焦土綠
不見雪山清

你饑我亦餓
你渴我無津
你熱我身灼
你病我身經

人心本如如
天地原清清
母親多兇險
源我無足心

願

懺悔天地間
鬼神亦知情
直至天地盡
無修無回離

2018 年 3 月 16 日

　　昨晚夢裡得此詩句，清晨醒來居然主要的詞句，記憶真切，記錄下來稍作修飾成就了上面的文字。我只能夠說我幾乎是一個佛教信徒，然自知淺薄。因此權作天意假我之筆發此宏願。

行者

一個行者
是那註定漂泊的
蒲公英

宿命的飄
徒勞地飛
疲勞地落
無功的輪回

風說它無根
雨說它輕
太陽無視
它的生存

它
看
天也藍
土也親
陽光是父親

雨水是母親
風送它一程
雨灌它一晨

行於無計
落於無力
無怨、無恨
無悔、無執
消失
於旅行

2018年6月

夜裡落下的花朵

夜裡落下的花朵
在微風細雨裡
虛空中
靜
成就了
世間最好的贈與

陽光
愛你
灼熱堪比
美麗曾留下你的倩影

蜂兒
愛你
香甜細膩
甘怡曾留下你的愛語

晨露
愛你

承接吸納
庇護曾是你的給與

夜裡落下的花朵
在微風細雨裡
虛空中
靜
與世界
成為一體

2018 年 8 月 1 日

作於Syosset家中，早上起來看到下雨了，想來昨夜一定是有不少的花在靜夜中飄落。

夏日雨後

清晨,陽光,空氣
清澈
塵埃
落地

清晨,陽光,空氣
寧靜
鳥兒
睡去

清晨,陽光,空氣
濕潤
草兒
搖弋

清晨,陽光,空氣
溫暖
心兒
遠去

2018 年 8 月 8 日雨後夏日

刀與磨刀石

我在錘煉我的耐心
你告訴我不必著急
炎熱帶來煩悶
夜雨不盡沖洗

多少重量
精力對峙
地老天荒
不得善止

直至
消蝕
殆盡
殆盡
消蝕
刀與磨刀石

2018 年 8 月

三十年路雲和月

1988年那年
是我走出國門的一年
是我告別同學師長的一年
據人說
那也是我闖關東的一年

已經30年了嗎
90, 00, 10年
代生的孩子們
都長這麼大了

問
你從哪裡來
行到哪里去
哪里是你心中的目的

答
我從故鄉來
行向故鄉去

故鄉永遠都是我心中的目的

30年
談何容易
用一雙腳
量丈了異國的土地
這裡
雖然風景無限
可我還是
依戀著童年的
記憶

無怨,無恨
西行東來一次
無愧,無悔
父母天地一世

2018年
二稿於12月26日晨

立夏

陽光
告訴我立夏了
溫暖的肩頭
地球
不重了

2019 年 5 月 17 日立夏

長長的一個冬天，寒冷一直沒有離開美東，今年的冬天全球好消息不如坏消息多，地球好像變得又慢又重。春天也似乎很短，今日立夏，陽光下，怎一個暖字可以形容。

雪·十六字令

雪
花美
眨眼影已去
芳魂處
素潔難掩抑

2019年3月6月

　　契訶夫曾說:"人的一切都應該是乾淨的,無論是面孔,衣裳,還是心靈,思想。"人生在世,一定要活得清清白白乾乾淨淨。

你們,咋就不懂

春
美
是我的
也是你們的

兔子
在我的地裡
打洞
可以
跳出跳進
可以
喂你
可以
你不要吃我的鬱金香貝貝

松鼠
在我的樹上做窩
可以
上竄下跳

可以
餵你
可以
你不要把我剛種的棗挖起

我告訴你們
鬱金香不是食物
是對故土母親的呼喚
棗核不是乾果
是對黃河灘棗的眷戀

春
美
是我的
也是你們的
你們
咋就不懂

2019年5月9日

情緣我故宮

故宮夜開饗
雲開月當空
上元燈千樹
十五皇城擁

堯帝當笑看
炎黃子孫殊
清照棄閨愁
寶馬遊中州

撚金鋪翠來
簾空月光舒
萬人空巷日
情緣我故宮

2019 年 2 月 2 日

正月十五上元節北京皇城大亮，紅牆黃瓦火樹銀花，妝我中州。情難自抑而作此《情緣我故宮》。

李清照在晚年,曾經有一首詩寫上元節,她拒絕了朋友們的香車寶馬和宴請,獨自在窗內回憶了年輕時撚金鋪翠地遊元宵節的情節,而"……怕見夜間出去。不如向,簾兒底下,聽人笑語。"深感同是窗外十五月,時代不同才不同!

昭君出塞

　　觀看了中國歌劇舞劇院舞劇《昭君出塞》訪美最後一場演出。昭君在每一個中國人的心目中都是一個久遠的符號。我看到年輕的舞劇編導們沒有把這個女孩子做成符號。

她
不是英雄
一個
女人
只是做了
她可以做的僅有

她
不是戰士
一個
民族
融化於
她的溫柔

她
不是將軍
一個
北行的隊伍
緊隨在
她的步後

昭君
我為你
動容
你的柔情
換來了
邊關
50年的繁榮

在血腥的
男人世界中
昭君啊
你能有
多大的包容

2019年3月24日曼哈頓林肯中心

後 記

我不知道我是從什麼時候開始會寫詩的,雖然小的時候有一點薰陶,沒有認真學習過,每當悲喜情濃之際,如流水一般的潑灑出來,沒有刻意要寫,也沒有刻意不去寫。一首首,一片片,於紙上,日記本上,手機裡,電腦裡,不經意就形成了今天這一本小小的詩集,我常常感覺這不像是我這一世的才華。

我出生在一個藝術家庭,父親是中國電影史上具有影響力的開拓者,著名攝影師陳晨。他也是中國抗日戰爭期間具有歷史成就的戰地攝影師。戰時即公開發行了由他拍攝的抗戰記錄片1-6集,以及中國唯一一部在當時公開發行的大型抗戰史錄片《華北是我們的》。父親是一個純粹的藝術家,在那些不愉快的的歷史環境下頗受了許多委屈和苦難,雖未殃及全家,但是父母咽下了所有負面的不能夠告訴我們的情境,盡力用正面的生活態度影響我們兄弟姊妹。我的幾十年的生涯都是故事,這些詩只是無心流落于紙上的一點點感怀。我是一個執著而不易釋懷的人,一次生離死別,可以用掉將近十年的時間舔干傷口。顧影自憐似乎也可以成為象小孩子習慣于糖果一樣，因而也就成為了再次跌倒的機會。堅強只是表面，只需輕輕一推就可以再次摔倒。經歷了太多的心路歷程今天才知道：愛不可少，恨不可有，悲心不可無，左亦或非左，右亦或非右，有為亦或有所不為，都不要緊，知道人生是夢，是幻，是視覺的情景組合。不依賴不期待，即無恐懼與痛苦。這一片片一條條的詩作，作為心的雕塑和心的舞蹈，作為藝術作品我把它們獻給世間與我同樣的有情眾生，希望有一天我們都能夠證得無我之心，坦蕩蕩成就空性自由，如果有涅槃。

陳幗

2019 年 5 月于紐約

www.ingramcontent.com/pod-product-compliance
Lightning Source LLC
Chambersburg PA
CBHW071205070526
44584CB00019B/2926